¡Sssssshhhhhhhhhh!

Haz del teatro algo íntimo

Llévalo siempre en el bolsillo

Cubierta y diseño editorial: Éride, Diseño Gráfico
Dirección editorial: ángel jiménez

Primera edición: junio, 2025

Un hilo rojo
© Ana Azorín
© VdB, 2025
Espronceda, 5
28003 Madrid

VdB®

ISBN: 979-13-87644-26-0
Depósito Legal: M-12881-2025
Diseño y preimpresión: Éride, Diseño Gráfico

 Este libro protege el entorno

un hilo rojo

Ana Azorín
(Yecla, Murcia, 1982)

Socia fundadora de la compañía PasoAzorín Teatro, de la que es actriz y productora desde 2012, con la que ha estrenado, entre otras, *La importancia de llamarse Ernesto, Usted tiene ojos de mujer fatal... en la radio, El mensaje, Sueño de una noche de verano, Jardiel enamorado, Drácula. Biografía NO autorizada, Otelo a juicio, Sueños de un seductor, Filomena, Un marido ideal, Ausencia de Bernarda, El móvil, Otra vuelta de tuerca, El mono azul* o *La ramera de Babilonia*. También participó en el montaje de *Eloísa está debajo de un almendro*, de Enrique Jardiel Poncela, con versión de Ramón Paso y dirección de Mariano de Paco Serrano, con gira nacional de 2016 a 2019.

En cine, ha formado parte del reparto de la tv-movie *Los habitantes de la casa deshabitada*, producida por Focus Audiovisual para RTVE, y en el capítulo piloto de *El amor y otras mierdas* (Contubernio Films.).

Ha sido guionista de televisión en programas para las productoras Filmax, Lince Producciones y Grupo Ganga. Como autora, ha participado en las antologías de relatos *Noche de juegos* (2015) y *Las mujeres son malas* (2012).

ANA AZORÍN

un hilo rojo

A Ramón, Inés y Ángela.

Prólogo

Escribir sobre Ana Azorín es escribir sobre una de las mejores cómicas de la historia del teatro español. Por sus venas y arterias fluyen los microbios del humor y la inteligencia, igual que han fluido por las venas y arterias de todas las cómicas que han construido la historia humorística del teatro, como Amparo Baró, Carmen Machi, Lina Morgan, Guadalupe Muñoz Sampedro, Elena Martín Calvo, Paloma Paso Jardiel o Milagros Leal. Ana Azorín se alza sobre hombros de gigantas para crear una comedia inteligente, con un guiño a las grandes clásicas y otro al atrevimiento, el riesgo y la novedad. Ana se refocila –llevaba años queriendo escribir esta palabra– en el poder que da hacer reír, mantener la tensión o enternecer a ese ente que es el público. He visto a Azorín sostener una función sobre sus pequeños hombros de amable cazadora de chistes; también la he visto superando ampliamente en el escenario a *seudo-estrellas*, de las cuales Ana no me deja poner el nombre, porque es una dama. Es más, después de leer las críticas, los comentarios de Atrápalo y oír las risas en el patio de butacas, yo diría que Anita ha limpiado el escenario con la cara de esas personas. Ver a Ana en un teatro es contemplar magia cómica impregnando un torbellino de ojitos azules y sonrisa deslumbrante.

La actriz que vive en Ana es puntillosa, trabajadora, leal, insegura, buena compañera, con un estilo propio, propensión a la risa floja en los ensayos y la fuerza de una enorme leona salvaje. Hasta aquí la Ana Azorín a la que, querido lector, –que te entretienes leyendo esta chufa cuando deberías estar hincándole el diente al plato principal– has podido ver arrasando en *El mensaje, Usted tiene ojos de mujer fatal... en la radio, El móvil, La importancia de llamarse Ernesto, Filomena, Eloísa está debajo de un almendro, Lo que mamá nos ha dejado, Jardiel enamorado* o *Sueño de una noche de verano...*

Ahora viene la otra cara de Anita: la oscura, obsesiva, insegura también y delirante escritora. Cuando conocí a Ana en 2007 descubrí a una mujer muy inteligente, con un amor precipitado por los clásicos, una alegría infantil en los ojos, una desmedida pasión por el arte y por los establecimientos regentados por chinos, y un arrebato por la vida que merecía ser canalizado hacia algo importante. Estaba en una escuela de «interpretación»... perdón, no puedo decirlo sin reírme... ja, ja. Había prometido ser bueno, pero es que no se me da bien... Que los niños cierren los ojos durante este párrafo... La escuela en cuestión era un antro de ladrones, miserables y profesores *chachiguachis* que dedicaban la mayor parte del tiempo a intentar ver desnudos a los alumnos, y los cinco minutos que sobraban los dedicaban a no enseñar teatro. Ya podéis abrir los ojos, niños. Curiosamente, meses después de conocerla, tuve que reunir un equipo para escribir un programa de humor para Emilio MacGregor, un amigo que ya no está, e hicimos pruebas a varias personas, entre ellas, Ana. Los productores eligieron a Ana y a otras personas de mi equipo habitual. Ana dejó la escuela –y fueron tan majos de amenazarla con que jamás tendría carrera si se iba de allí– y, a las dos semanas de empezar a currar en guion, Ana era mi mano derecha y se desenvolvía en el mundo televisivo como si hubiese nacido en el set de Farmacia de guardia. Había eclosionado la Ana Azorín escritora. Tras eso, publicamos la antología de relatos de terror *Las mujeres son malas*, y en 2012, el doce de diciembre, estrenamos *Todo el mundo lo hace*, con Ana como co-autora y actriz. Y, al poco, estrenamos *Los 7 PPcados Capital.es*, con Ana en la misma posición y, por esa época, también editamos una antología de relatos que se titulaba *Noche de juegos*. Así que, con más de cincuenta capítulos emitidos, dos antologías publicadas y dos obras estrenadas, Anita no es una principiante.

Y, de pronto, la Anita escritora cayó en un profundo sueño. Le propuse varias veces volver a darle con fuerza al teclado, escribir una obra o ayudarme en alguna de las comedias que yo escribía, pero ella no se veía volviendo a subirse al caballo psicópata de la escritura. Hasta que hace pocos meses me encontré con ella en el salón –tengo la suerte y el goce intelectual de que Ana y yo seamos compañeros de piso y compartamos objetivos vitales– y me dijo que estaba empezando una obra. Yo me alegré muchísimo, pero mostré cierta indiferencia. Hay dos tipos de personas: los que escriben y los que hablan de lo que van a escribir y jamás lo hacen. El mayor favor que puedes hacerle a alguien que escribe es mostrar poco interés, no vaya a ser que te cuente su obra en lugar de escribirla.

—Pero es muy cursi.

—Bueno, si está bien escrita da igual que sea cursi o no.

—Pero es romántica.

—Mujer, ¿y qué? Una cosa es una obra romántica y otra, *Mi lucha*... que, al margen, yo defiendo que ambas se puedan leer.

—Cuando tenga diez páginas te la enseño.

—Vale.

Pasaron unos días y la conversación se repitió.

—Ya tengo diez páginas... pero no he ido en orden cronológico... pero es muy cursi, pero es romántica, pero... pero... pero... ¿Te las lees? Las diez páginas, quiero decir...

—Claro.

Pasaron dos semanas y la conversación volvió a repetirse, aunque con matices:

—Ya tengo casi treinta páginas... ¿Te has leído las diez primeras?

—No.

—No te las leas. Te mando lo nuevo... pero es muy cursi... pero es romántica, pero... pero... pero... es que yo no sé si estoy escribiendo una mierda...

—Pues no la termines...

—Es que quiero terminarla.

—Pues termínala. Para descubrir si es bueno o malo, hay que terminar. Antes no hay nada definitivo.

—¿Y te vas a leer las treinta páginas?

—Claro.

Un mes después tenía en mi ordenador *Un hilo rojo* de Ana Azorín. Creo que la gente tiene hijos, además de para dejar de pegarle patadas al perro y poder pegárselas a niños cuando se frustran, para sentir el orgullo que yo sentí ese día. Empecé la lectura con el mismo miedo que ella tenía a que fuese mala. El arte es lo menos democrático que existe: unos podemos, otros, no, porque sí, sin motivo, sin justificación. Terminé la obra de Ana en un ratito muy corto. El diálogo era muy bueno, había trama y carpintería teatral, los puntos de giro estaban colocados donde debían estar y la acción transcurría con rabia y sin detenerse. Me tomé la libertad de mandarle algunas notas por Telegram mientras leía. Y según terminé, le di una enhorabuena rebosante de orgullo y admiración. La única pega que le puse es que el final me parecía muy merengue. Ella me agradeció las notas de Telegram y mis apreciaciones sobre el final. Me dijo que me haría caso.

Unos días después me dijo que se le habían borrado las notas, aunque recordaba la mayoría... las que quería hacer... y que había ideado un final distinto, pero que no iba en la línea que yo le sugería, es decir, haría lo que le daba

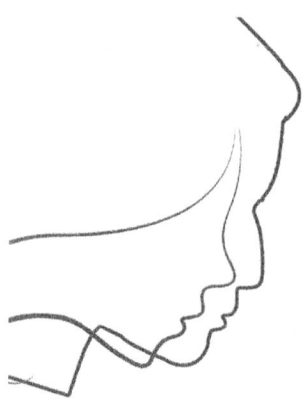

la gana. Todo esto que hizo Ana es señal inequívoca de que hay autora. Un autor escucha a todos, hace caso a unos pocos, nunca completamente, y, al final, toma las decisiones importantes. La obra era buena y tenía su estilo. He trabajado con demasiada gente que copiaba mi estilo, demostrando que ahí no había talento ni autor. El caso de Ana es justo lo contrario; *Un hilo rojo* es la obra de una autora con voz propia, que se atreve a ser ella misma en un mundo en el que la gente se conforma con ser clon del clon de alguien que un día fue auténtico. Volvimos a debatir el final. Le dimos vueltas, y, a los pocos días, ella encontró un final que era honesto, protegía la obra y terminaba la historia con dignidad y respeto hacia sus personajes.

Ahora, tú, lector, tendrás el placer de disfrutar *Un hilo rojo*. Y será un placer, porque además de que la historia es buena, está bien contada y toca temas complejos de una forma atrevida y feroz, *Un hilo rojo* es el nacimiento de una voz nueva, auténtica y diferente en un panorama teatral sobrecargado de copias, de buenismo y de espectáculos piojosos y cobardes que solo buscan el confort del público y no molestar a nadie. Ana Azorín va camino de ser una autora con una voz desafiante y con la virtud de atreverse a ser incómoda.

Calix meus inebrians.

Ramón Paso

Personajes

SARA
NACHO

Acto único

La acción se desarrolla en un único espacio don-
de hay un sofá, dos lámparas de pie y una mesa
pequeña con dos sillas. A veces, los muebles
cambiarán de sitio, para indicar los cambios
temporales. Otras veces, simplemente, por cómo
se desarrollan las escenas, el espectador sabrá
si estamos en el piso de SARA, *en el piso de* NA-
CHO, *en una fiesta, en una cafetería, etc. Cuan-*
do se hace la luz, NACHO *está en escena, con el*
móvil en la mano.

Y así, comienza la acción...

(NACHO *da vueltas por el salón, mientras llama*
por teléfono. Se le nota nervioso y, sobre todo,
preocupado. Se escuchan pitidos de llamada al
otro lado de la línea. Salta el buzón de voz.)

VOZ   (*En off.*) Buzón Movistar. La persona a la que
            llama no está disponible. Por favor...

(*Antes de que termine la locución,* NACHO *cuel-*
ga.)

NACHO   Joder.

(NACHO *sigue moviéndose por la habitación, cada vez más inquieto. Vuelve a marcar. De nuevo, se escuchan pitidos, y de nuevo, salta el buzón de voz.*)

VOZ   (*En off.*) Buzón Movistar. La persona a la que llama no...

(NACHO *cuelga, brusco.*)

NACHO   Joder. (*Pausa.*) ¡Joder, Sara! (*Se escucha un sonido de llaves, y una puerta que se abre y se cierra.* SARA *sale a escena. Tiene ojeras y aspecto cansado. Se quita el bolso y el abrigo y los tira encima del sofá, donde, acto seguido, se sienta.* NACHO *la observa, esperando que diga algo. Silencio.*) Te he llamado.

SARA   (*Sin mirarlo.*) Lo sé.

NACHO   Más de ciento veinte veces.

SARA   Te he dicho que lo sé.

NACHO   ¡Ciento veinte veces, Sara!

SARA   Ciento veintidós. Te repito que lo sé.

(*Silencio.*)

NACHO   ¿Dónde coño estabas?

SARA   Por ahí.

NACHO   ¿Por ahí? ¿Has estado veinte horas *por ahí*?

SARA   (*Lo mira.*) Sí, Nacho, he estado veinte horas *por ahí*.

        (*Silencio largo.* NACHO *da vueltas por la habitación, sin saber bien qué decir.*)

NACHO   Mira, Sara, entiendo que esto es difícil, y que nos cueste hablar de ello, pero...

SARA   No me cuesta, Nacho. Es solo que no quiero hacerlo, ya está. No quiero hablar. Punto. Ni de esto ni de nada. No quiero hablar. Ahora, no. Solo quiero estar aquí, sentada y callada. Ya está.

NACHO   Sara, sabes que eso no...

SARA   ¡Déjame en paz, Nacho, joder! ¡Déjame en paz! Aunque solo sean cinco minutos. ¿Puede ser? ¿Me puedes dejar en paz cinco minutos antes de tener que afrontar lo que nos está pasando? ¿Te ves capaz? (NACHO *la mira y sale de la habitación. Al público.*) Nacho y yo nos conocimos hace más de seis años. La historia es rápida. Nuestras empresas colaboraron en un proyecto común durante una semana. Nos conocimos y nos caímos bien. Muy bien, de hecho. Pasó esa semana y perdimos contacto. Un mes después, se repetía la colaboración. Esta vez, quince días. Nos reencontramos y empezó a surgir más intimidad entre nosotros. Quedábamos antes o después del trabajo, nos llamábamos, nos escribíamos... La colaboración estaba a punto de terminar y ambos volveríamos a nuestras vidas cotidianas. Pero el último día, al despedirnos, nos besamos. Sin pensarlo, sin hablar de ello, nos besamos. Ambos lo iniciamos y ninguno lo inició. Los dos sentíamos que había conexión entre nosotros, una atracción de la que nunca habíamos hablado, pero que estaba ahí. No lo llamábamos amor, porque, en ese momento, era una palabra demasiado grande y demasiado difícil de asumir, al menos para mí. Pero, aunque no lo llamásemos amor, se le parecía mucho. Y así empezó algo que no tenía que haber empezado. La historia de siempre: él tenía pareja, yo tenía pareja... Y ambos queríamos a nuestras parejas. Pero, a veces, el azar pone delante de ti otro camino. Uno en el que jamás habías pensado. Está el camino A, la vida que tienes y el futuro que esperas, con la persona a la que quieres, un futuro cómodo, más o menos planificado, y más o menos feliz. Y, de repente, aparece el camino B, que te desvía hacia un futuro completamente incierto. Un camino que no sabes ni dónde empieza ni cómo acaba. Pero ahí está. Ha aparecido, lo tienes delante. Ese camino B no tenía por qué haber aparecido, pero lo ha hecho. A o B. ¿Qué eliges? ¿A o B? ¿A o B? ¿A o B?

(*Silencio. Oscuro.*)

Cuando vuelve la luz, el salón parece distinto: algunas cosas están cambiadas de sitio y el lugar parece más alegre. NACHO *está sentado en el sofá, mirando la habitación con curiosidad. Viste de otra manera, más juvenil.* SARA *entra en escena. También parece más joven. Cuando ella entra,* NACHO *se levanta, algo nervioso.* SARA *le ofrece un vaso de agua.*

SARA   Ten.

NACHO   Gracias. (NACHO *bebe. Silencio.*) Así que esta es tu casa.

SARA   Sí. (*Algo incómoda, de pronto.*) Bueno, nuestra casa.

NACHO   Sí, sí, claro. Vuestra casa. (*Silencio.*) Me la imaginaba de otra manera.

SARA   ¿Cómo?

NACHO   No sé. Más fría, menos alegre.

SARA   ¿Te parezco poco alegre?

NACHO   No, tú no. Pero Marcos, bueno, por lo que me has contado de él, no parece un tipo así, no sé... Pensaba que sería más serio, ¿no lo es?

SARA   No sé si me apetece hablar de mi pareja con el hombre con el que lo estoy engañando, y menos en su propia casa.

(*Silencio.*)

NACHO   No debería estar aquí.

SARA   No, no deberías. (*Pausa.*) Pero aquí estamos. (*Silencio. Se miran.* SARA *le quita el vaso de las manos a* NACHO, *lo deja en la mesa. Vuelven a mirarse, esta vez, con más intensidad, hasta que* SARA *aparta la mirada.*) Tienes razón. No deberíamos estar aquí. Vamos a la calle, a tomar algo, fuera de esta casa.

(SARA *empieza a ponerse el abrigo.*)

NACHO   ¿Qué estamos haciendo, Sara? Quiero decir...

SARA   Sé lo que quieres decir. (*Pausa.*) Yo no... No contaba con nada de esto, Nacho. Ya lo sabes. No contaba con que aparecieses en mi vida, con que nadie más apareciese en mi vida, así, de esta manera. Ni siquiera sé cómo pasó. A veces me parece que... No sé...

NACHO   ¿Qué te parece?

SARA   Que es raro.

NACHO   ¿El qué?

SARA   Esto. El sentir... esto. El sentirme así.

NACHO   ¿Así, cómo?

SARA   Como si tuviera veinte años y no treinta y seis. Como... como si fuera una cría. Sin poder dejar de pensar en ti, escribiéndote a escondidas, deseándote con esta rabia, queriéndote tanto, así, de esta manera tan... tan...

NACHO   Tan adolescente y, al mismo tiempo, tan adulta.

SARA   Exacto. (NACHO *se ríe.*) ¿Te estás riendo de mí?

NACHO   No, para nada. Me río porque sé perfectamente de lo que hablas.

SARA   Eso espero.

    (*Silencio.*)

NACHO   Yo también me siento así. Adolescente y adulto a la vez. Y me gusta la sensación. Me encanta. Creo que podría quedarme a vivir en esta sensación.

SARA   No puedo enamorarme de ti, Nacho.

(*Silencio.*)

NACHO   ¿Por qué siempre terminamos hablando de lo mismo?

SARA   Porque es importante. No puedo.

NACHO   A las cosas hay que ponerles nombre, Sara, aunque no quieras asumirlo.

SARA   No, no quiero asumirlo, Nacho. Sabes que te quiero, pero no puedo enamorarme de ti. No puedo hablar de amor. Ni quiero, ni puedo, ni debo. Ya te lo he dicho.

NACHO   Sí, me lo has dicho. Demasiadas veces.

SARA   No puedo, Nacho.

NACHO   A mí tampoco me gusta esta situación, Sara. No me gusta, no sé qué hacer. Sé que no debo hablar de amor, o, al menos, no debería, pero...

SARA   No lo digas.

NACHO   Uno no elige de quién se enamora.

SARA   No, no, no. Error. No, no vayas por ahí, Nacho. No. Borra esa frase. Bórrala. Esa palabra, *enamorarse*, está prohibida entre nosotros. Lo sabes. Somos adultos y somos consecuentes. No podemos...

NACHO   Sara...

SARA   Ya lo hablamos, Nacho. Esto no va por ahí.

NACHO   Que no quieras verbalizar la palabra no significa que no vaya por ahí.

SARA   Te lo pido por favor, Nacho. No. Bórrala.

NACHO   *(Tras suspirar.)* De acuerdo. Retrocedamos en el tiempo. Borro la frase. No he dicho nada.

        (Silencio. Ambos se miran sin saber bien qué decir.)

SARA   Vamos a la calle. Vamos a salir de esta casa antes de que haga algo de lo que me arrepienta el resto de mi vida.

NACHO   Está bien. *(SARA sale de la habitación. NACHO inicia el mutis, pero se frena. Al público.)* Uno no elige de quién se enamora. Lo creo, lo creo de veras. Esos sentimientos aparecen de repente, sin que tú puedas hacer nada por controlarlos. Una persona puede enamorarse de otra en medio segundo. No lo digo yo, lo dice la ciencia. Medio segundo. Es una cuestión de química cerebral. Adrenalina, serotonina, dopamina, oxitocina, vasopresina... La primera vez que vi a Sara, me gustó. No me refiero a que me gustara solo como mujer, sino como persona, como ser humano. A Sara le ríen los ojos. Nunca antes había conocido a nadie a quien le rieran tanto los ojos, y tampoco la he conocido después. Se acercó, me tendió la mano, me miró y supe, en ese instante, que ya nunca podría olvidar aquellos ojos. *(Pausa.)* Medio segundo. Adrenalina, serotonina, dopamina, oxitocina, vasopresina... Todo eso se pone en juego en tu cerebro. Unas suben y otras bajan. No tiene ninguna poesía ni ningún romanticismo visto así, pero es lo que es. Y uno no puede elegir cómo funciona esa *química cerebral*. Lo que sí puedes elegir es si quieres engañar o no a tu pareja con la persona a la que has conocido apenas dos meses atrás, de la que te enamoraste en medio segundo, y la que se ha convertido, de repente, en el centro de tu universo. Es jodida esa situación, ¿eh? Muy, muy jodida. Esos momentos en los que la vida te pone entre la espada y la pared, y tienes que elegir. Con todas las consecuencias. *(Pausa.)* Enamorarse. Amor. Eran palabras prohibidas entre nosotros, Sara lo decía siempre. Pero, desgraciadamente, uno no elige de quién se enamora. Y eso, complica las cosas. Eso lo complica todo. Puta química cerebral.

Oscuro.

Cuando vuelve la luz, SARA *está sentada en la mesa de una cafetería, con un café delante al que no deja de dar vueltas con la cucharilla mientras mira al vacío.* NACHO *entra en escena y se acerca a ella. Se miran.* NACHO *se sienta.*

SARA   Hola.

NACHO   Hola.

SARA   Gracias por venir.

NACHO   Tenía ganas de verte.

            (*Silencio.*)

SARA   Nacho... (*Pausa.*) Nacho, yo...

NACHO   No sigas.

SARA   Nacho...

NACHO   Sé lo que vas a decir. (*Silencio.*) Quieres que esto termine, ¿verdad?

            (*Silencio.*)

SARA   Sí.

NACHO   Ya.

SARA   Tenemos que dejar de vernos, Nacho.

NACHO   Temía que esta conversación llegase en algún momento.

SARA   Lo siento. Lo siento, de verdad, pero tengo que dejar de verte, de hablarte, de... de todo. *(Pausa.)* Esto ya no es algo pasajero. No es una historia divertida, un flirteo temporal. Esto... esto es... Bueno, tú ya lo sabes.

NACHO   Dilo. *(Silencio.)* Dilo, Sara. ¿Qué es esto?

SARA   *(Lo mira a los ojos.)* Amor.

NACHO   Amor. Y lo ha sido siempre.

SARA   Y por eso tiene que terminar. Esta relación no va a ninguna parte, y no quiero necesitarte si no puedo estar contigo. Yo tengo una vida, tú tienes una vida, y eso no va a cambiar. No puede cambiar. No sería justo. Los dos lo sabíamos desde el principio y sigue siendo así. *(Pausa.)* No puedo dejar todo lo que tengo por ti, Nacho.

NACHO   Nunca te lo he pedido.

SARA   ¿A ti no te pesa la culpa? ¿No te pesa la culpa, cada vez más, cuando vuelves a tu casa después de estar conmigo?

NACHO   Sí, me pesa mucho, Sara. Pero lo que siento es lo que siento. Y no sé cómo cambiarlo.

SARA   Pues tendremos que aprender, pero es absurdo seguir así. Absurdo y peligroso. Yo no quiero, no puedo, hacerle esto a Marcos.

NACHO   Yo tampoco quiero hacerle esto a Paula. Pero no sé... No sé qué hacer, Sara. No lo sé. (*Silencio.*) ¿Esto es un adiós?

SARA   Creo que sí.

NACHO   Ya. Me lo parecía.

SARA   Lo siento, Nacho. Lo siento muchísimo.

(*Silencio.*)

NACHO   ¿Te arrepientes? ¿Te arrepientes de haberme conocido?

SARA   No. Claro que no. En absoluto. (*Pausa.*) Pero sí me arrepiento de haberme enamorado de ti. (*Silencio.*) ¿Tú no? ¿Tú no te arrepientes?

NACHO   No. Entiendo que debería hacerlo, por una cuestión ética y moral, por una cuestión de la fidelidad que Paula merece, pero, si tengo que ser sincero conmigo mismo, no me arrepiento. Imagino que eso no me convierte en una buena persona, pero no me arrepiento. Aunque lo intento, no lo consigo.

SARA   Eso es halagador. Aunque para ti sea una mierda.

NACHO   (*Sonríe.*) Sí, lo es.

            (*Silencio.*)

SARA   Esto va a doler, ¿verdad?

NACHO   Todas las cosas importantes, duelen. Por eso son importantes.

SARA   Ya. (*Pausa.*) Tengo que pedirte un favor. (*Pausa.*) Prométeme que no me escribirás. Prométeme que, por mucho que nos cueste, ya no habrá más contacto entre nosotros.

NACHO   Joder. Es una promesa difícil de cumplir.

SARA   Por favor, prométemelo, Nacho. Es la única manera de poder hacer esto bien.

NACHO   De acuerdo. (*Pausa.*) Te lo prometo.

            (*Silencio. SARA le coge la mano a NACHO por encima de la mesa. Se miran. SARA se levanta y coge su bolso. NACHO también se levanta.*)

SARA   Adiós, Nacho.

NACHO   Adiós, Sara.

            (NACHO y SARA *se alejan uno del otro, sin llegar a hacer mutis.*)

SARA   (*Al público.*) Cuenta una antigua leyenda oriental que las relaciones entre las personas están predestinadas por un hilo rojo.

NACHO   (*Al público.*) La ciencia dice que la tristeza disminuye la atención en el mundo externo para centrarse en el mundo interno.

SARA   (*Al público.*) Un hilo rojo que un antiguo dios lunar ataba al dedo meñique de los recién nacidos. Un hilo que conecta a aquellos que deben encontrarse en la vida.

NACHO   (*Al público.*) Según la neurobiología, la tristeza activa algunas regiones del cerebro que se relacionan con «la regulación emocional y la respuesta afectiva».

SARA   (*Al público.*) La leyenda dice que, si estás unido a otra persona por ese hilo rojo, el destino hará que, lo quieras o no, te encuentres con ella.

NACHO   (*Al público.*) «Sustrato neuronal específico para la tristeza», lo llaman.

SARA   (*Se gira, a* Nacho.) Aquellos que estén uni-
              dos por el hilo rojo estarán destinados a con-
              vertirse en almas gemelas, y vivirán una gran
              historia.

NACHO   (*Se gira, a* Sara.) Cuando estamos tristes, dis-
              minuye nuestra eficacia en la toma de deci-
              siones...

SARA   No importa cuánto tiempo pase o las circuns-
              tancias en las que se encuentren.

NACHO   Y el control de impulsos.

SARA   El hilo rojo puede enredarse...

NACHO   A nivel físico, la tristeza suele provocar le-
              targo...

SARA   Estirarse...

NACHO   Falta de apetito...

SARA   Tensarse...

NACHO   Falta de energía...

SARA   O desgastarse...

NACHO   U opresión en el pecho, entre otros...

SARA   Pero el hilo rojo nunca, nunca, se puede rom-
              per.

NACHO   (*Al público.*) Y así, con una sensación de letargo, falta de apetito, falta de energía y opresión en el pecho, pero sonriendo y fingiendo que todo está bien ante el resto del mundo, porque ya sabemos que sonreír es la mejor opción para que nadie te pregunte cosas que no quieres responder, pasó un año desde mi última conversación con Sara.

SARA   (*Al público.*) Pero el hilo rojo nunca se puede romper. O, al menos, eso dice la leyenda. (NACHO *se gira y queda de espaldas al público.*) ¿Cómo consigues obligar a tu mente a hacer algo que no quiere hacer? Durante un año, un año entero, con sus días y, sobre todo, con sus noches, me obligué a mí misma a olvidarme de Nacho. Me obligué, literalmente. Cada vez que me venía un recuerdo, un pensamiento, trataba de apartarlo de todas las formas posibles, como si quisiera mandarlo a la papelera de reciclaje de mi ordenador mental. Busqué nuevas distracciones, nuevas formas de pasar el tiempo, todo lo que hiciera falta para sacar a Nacho de mi cabeza y no seguir sintiendo esa punzada de dolor que provoca la culpa al acostarte junto a una persona mientras piensas en otra. Pero la lucha más difícil que existe es la que tienes contigo mismo. (NACHO *empieza a girar, hasta quedarse de espaldas a* SARA, *pero de perfil al público.*) Al final de ese año pensé que, por fin, lo había conseguido. Por fin Nacho había casi desaparecido de mi cabeza, de mis días, de mis minutos. Los recuerdos cada vez estaban más distanciados en el tiempo y ya no eran tan nítidos. Y, sobre todo, ya casi no dolían.

NACHO   (*Se gira al público.*) Casi.

SARA   (*Al público.*) Después de un año, volvía a ser la Sara «de siempre», esa mujer que todos reconocían y que había estado un poco rara los últimos meses a causa de «mucho estrés laboral». (*Gira la cara hacia* NACHO, *que continúa de espaldas a ella.*) Así te llamé: estrés laboral. (*Al público.*) Y lo hice con tanta convicción que hasta yo misma estuve a punto de creérmelo. Una noche nos invitaron a una fiesta, a Marcos y a mí. La típica fiesta del amigo de un amigo que inaugura su nueva casa, un ático de dos plantas, terraza, jacuzzi y otros lujos por el estilo, quiere lucirse, para que su ego siga intacto. Es un ganador, que todos lo sepan. Pero me apetecía, me apetecía salir de casa, beber mucho y dejar que la mente se apagara, aunque fuera un momento. La fiesta fue una gran decepción. Mucha gente desconocida sin demasiadas ganas de socializar mientras el amigo del amigo te pide que, por favor, no te acerques al sofá con la bebida, porque es una reliquia de piel auténtica que vale más de lo que tú podrías pagar en tres vidas. Y mientras, a su alrededor, la gente bosteza, harta de escuchar, por enésima vez, la historia del sofá de piel auténtica. Así que después de dos horas de muchas pedanterías y varios gin-tonics, decidimos irnos. Fui a coger el abrigo y, entonces...

(SARA *se gira y ve a* NACHO, *de espaldas.*)

NACHO   Adrenalina.

SARA   Entonces lo vi. A lo lejos.

NACHO   Serotonina.

SARA   No importa cuánta gente hubiera en esa fiesta, sabía que era él.

NACHO   Dopamina.

SARA   Lo habría reconocido entre mil.

NACHO   Oxitocina.

SARA   Entre un millón de personas.

NACHO   Vasopresina.

SARA   Me acerqué a él. Nacho estaba allí. (NACHO *se gira y la ve. Ambos se miran sin saber bien qué decir.*) Hola.

NACHO   Hola.

(*Siguen sin poder apartar la mirada el uno del otro, hasta que* SARA *se gira, como si, desde otro lugar de la habitación, la hubieran llamado.*)

SARA   Tengo que irme. (*Silencio.*) Tengo... Tengo que
            irme.

            (SARA *coge el abrigo y hace mutis.*)

NACHO   (*Al público.*) Una persona puede enamorarse
            de otra en medio segundo. Lo dice la ciencia.
            Pero, si ya lo estás, ni siquiera tardas medio
            segundo en volver a sentir todo lo que creías
            que, por fin, había desaparecido. Ese torren-
            te emocional que te deja paralizado, literal-
            mente. Sus ojos. Sus ojos, de nuevo. Quími-
            ca cerebral. (NACHO *coge el abrigo y hace mu-*
            tis, al mismo tiempo que SARA, *desde la parte*
            opuesta del escenario, entra en escena y se sien-
            ta en el sofá, dejando el móvil al lado. Coge el mó-
            vil, lo mira y, rápidamente, vuelve a dejarlo don-
            de estaba. Coge de nuevo el móvil, mira hacia su
            izquierda, controlando que nadie la ve, parece que
            está a punto de escribir algo, pero enseguida vuel-
            ve a dejar el móvil. Entonces, suena un «bip» de
            mensaje recibido. SARA *duda un momento y, des-*
            pués, lo lee.)

NACHO   (*Voz en off.*) Sé que te prometí que no te es-
            cribiría. Siento haber roto la promesa, y si me
            dices que no lo haga, te juro que no te pon-
            dré ni un solo mensaje más, pero quería arries-
            garme.

            (*Mientras el mensaje se reproduce,* NACHO *ha*
            entrado en escena y se ha sentado en una de las
            sillas, mirando el móvil. Los mensajes de ambos

se escuchan en off mientras ellos miran la pantalla y escriben.)

SARA   *(Voz en off.)* Para ser justos, yo también estaba a punto de escribirte. He roto mi propia promesa.

NACHO   *(Voz en off.)* ¿Cómo estás?

SARA   *(Voz en off.)* ¿Bien o la verdad?

(NACHO sonríe.)

NACHO   *(Voz en off.)* Prefiero la verdad.

SARA   *(Voz en off.)* Hasta esta noche pensaba que estaba bien. O, más o menos bien. Pero ahora... Ahora ya no estoy segura de nada.

NACHO   *(Voz en off.)* ¿Te puedo llamar?

(SARA se gira de nuevo hacia su izquierda, para comprobar que no hay nadie cerca, y marca un número. El móvil de NACHO empieza a sonar. NACHO descuelga.)

SARA   He sido más rápida.

NACHO   ¿Puedes hablar?

SARA   Sí, pero poco y en voz baja. ¿Me oyes bien?

NACHO   Perfectamente. *(Silencio.)* Hola.

SARA   Hola.

NACHO   No sabes cómo me gusta volver a escuchar tu voz.

SARA   A mí también. (*Pausa.*) ¿Paula no está en casa?

NACHO   No, ha ido a cenar con unos amigos del trabajo. Eso ha dicho, pero yo creo que, en realidad, era una excusa para no ir a la fiesta de Adán.

SARA   ¿Quién es Adán?

NACHO   ¿No le conoces? Porque has estado en su casa.

SARA   ¿El gilipollas del sofá se llama Adán? No me lo creo. ¿En serio?

NACHO   ¿A ti también te ha soltado el rollo del sofá?

SARA   ¿Y a quién no?

NACHO   ¿Y la historia del Warhol de diez mil euros?

SARA   No, esa me la he perdido.

NACHO   Una chica con suerte.

            (*Silencio.*)

SARA   Todavía pienso en ti, Nacho. A veces. Más de lo que me gustaría y de lo que sería prudente.

Y sueño contigo. Y no debería estar hablando y diciéndote esto mientras Marcos está en el dormitorio a punto de meterse en la cama, pero me estoy volviendo loca. Hasta esta noche pensaba que había empezado a controlarlo, pero aquí estamos. Aquí estamos otra vez.

NACHO   Por si te ayuda, yo no he dejado de pensar en ti ni un solo día en todo este año. ¿Te sirve?

SARA   No lo sé. (*Pausa.*) ¿Qué se supone que pasa ahora? ¿Qué hacemos, qué hay que hacer? Porque es como si hubiera retrocedido un año en el tiempo, y todo ha vuelto de golpe. Y es una mierda. ¿Qué hago, Nacho? ¿Seguir adelante como si no hubiese pasado nada, como si hoy no te hubiese visto? ¿Qué se hace en estos momentos?

NACHO   No sé si existe un manual para gestionar este tipo de situaciones. Si lo encuentro, te lo digo.

SARA   No te rías.

NACHO   No me río. ¿Cómo me voy a reír? (*Pausa.*) Yo tampoco sé qué hacer, Sara. Pero ahora que he vuelto a verte, ahora que estoy aquí, hablando contigo, no sé si voy a ser capaz de volver a decirte adiós, así que creo que estoy tan jodido como tú.

(*Silencio.*)

SARA   A lo mejor... No lo sé.

NACHO   ¿A lo mejor?

SARA   A lo mejor podemos vernos uno de estos días y tomar un café.

NACHO   ¿Un café?

SARA   Sí, un café. Solo un café. Nada más. ¿Te parece bien?

NACHO   Me parece bien. Solo un café.

SARA   Sí. Solo un café.

NACHO   (*Al público.*) Solo un café. Es cierto que empezamos con un café. Un café al que siguieron una docena más. A los que siguieron varias reservas en habitaciones de hoteles. A las que siguieron un par de «viajes de trabajo» que nos habían surgido a ambos el mismo fin de semana. Y, así, pasó otro año. Y, de nuevo, tuvimos que volver a afrontar la misma conversación de dos años atrás. ¿Qué coño hacemos ahora?

              (NACHO *hace mutis.*)

SARA   (*Al público.*) Así que hicimos lo único que podíamos hacer. En realidad, lo único que éramos capaces de hacer. Decir adiós. Pero, esta vez, a los demás. (NACHO *entra en escena, con una maleta y tapándose la frente con una bolsa de hielo. SARA se acerca corriendo hacia él.)* ¿Qué ha pasado?

NACHO   Una ensaladera. De esas de vidrio, de las duras. ¡Una ensaladera!

(NACHO se sienta en el sofá.)

SARA   Joder, ¿tan mal se lo ha tomado?

NACHO   Sí.

SARA   No me imaginaba eso de Paula.

NACHO   ¿Paula? No, ¡qué coño! Paula, no. ¡Su amiga Eva, que está mal de la cabeza! Te lo juro, esa tía es una desequilibrada.

SARA   ¿Has dejado a Paula delante de su amiga? ¿En serio?

NACHO   ¿De verdad me crees capaz de hacer algo así? He hablado con Paula, los dos solos, en casa. Hemos estado hablando estos días. Mucho. Le he explicado la situación y, aunque no ha sido fácil y le ha dolido, me ha dicho que entendía mi decisión. Y hoy, mientras estaba recogiendo mis cosas, lo que quería traerme aquí, ha llegado su amiga...

SARA   La desequilibrada.

NACHO   Esa. Se ha enterado de toda la historia, ha cogido una ensaladera de vidrio y me la ha estampado en la cabeza llamándome «cabrón», «cerdo», y no sé cuántas cosas más por el estilo.

SARA   Joder. ¿Y Paula que ha hecho?

NACHO   Decirle que es una desequilibrada, cosa que ya sabíamos todos, y llevarme al hospital. Se ha quedado conmigo hasta que me han dado el alta. Se ha ofrecido a traerme aquí, pero le he dicho que no. Me parecía muy incómodo y creo que no se lo merece.

SARA   ¿Y por qué no me has llamado para decirme que estabas en el hospital? Habría ido.

NACHO   Porque no era el momento, Sara. Justo después de decirle que me iba. Paula y tú allí sentadas en la sala de espera, las dos, juntas, ¿hablando de qué? No, no era el momento. (*Pausa.*) Tendría que haber sido ella la que se enfadara, la que me gritara y la que me tirara la ensaladera a la cabeza. Tendría que haber sido ella y no su amiga. Pero no, ella me ha llevado al hospital y se ha ofrecido a traerme aquí, a una casa de la que ya no forma parte.

(*Silencio.*)

SARA   ¿Crees que le hemos jodido la vida a dos buenas personas? Porque yo, a veces, pienso que sí.

NACHO   No lo sé. Sí, supongo que sí. Al menos, momentáneamente, sí.

SARA   Ya. Y tendremos que vivir con eso.

NACHO   Pero uno siente lo que siente. Y no se merecen que sigamos engañándolos.

SARA   No, no se lo merecen. (*Silencio.*) ¿Te arrepientes? ¿Te arrepientes de haber dejado a Paula, de haber dado este paso?

NACHO   No, claro que no. Me arrepiento de no haber tenido el valor de hacerlo antes. Desde que te conocí hace dos años, Sara, te has convertido en el centro de mi mundo. Y me arrepiento de cada minuto de estos dos años que he desaprovechado sin estar contigo, de cada día que no he podido verte, que no he podido besarte, que no he podido escuchar tu voz por no haberme atrevido a hacer lo que tenía que hacer. Así que no, no me arrepiento. Ahora mismo estoy donde quiero estar. A pesar de la culpa que pueda sentir y de la ensaladera voladora, estoy donde quiero estar.

              (*SARA se sienta con* NACHO *en el sofá y se acurruca junto a él.*)

SARA   Gracias.

NACHO   ¿Por qué?

SARA   Por quererme.

NACHO   No te quiero, Sara.

SARA   ¿Perdona?

NACHO   Que no te quiero. Te amo. No es lo mismo.
            Las cosas hay que nombrarlas correctamente.
            Y yo, Nacho, te amo a ti, Sara.

SARA   (Ríe.) ¿En la salud y en la enfermedad?

NACHO   Y en lo que haga falta. (SARA *se acurruca más
            en él.*) Y no me des las gracias. (SARA *lo mira.*)
            Por amarte. No me des las gracias, el mérito
            es tuyo. (SARA *lo abraza con fuerza.*) Bueno, ¿y
            qué has hecho estos tres días sin verme mien-
            tras yo dejaba a una buena persona para estar
            contigo?

SARA   ¡Joder, Nacho!

NACHO   (Ríe.) Es broma. ¿Qué has hecho?

SARA   ¿Además de echarte de menos?

NACHO   Además.

SARA   Pues, aunque no te hayas dado cuenta, por-
            que supongo que el golpe te ha dejado medio
            idiota, he redecorado la casa.

NACHO   Sí me he dado cuenta. Nada más entrar.

SARA   ¿Y te gusta?

NACHO   Me encanta.

SARA   Me alegro, porque ahora también es tu casa.

NACHO   Nuestra casa.

SARA   Nuestra casa.

NACHO   Nuestra casa. Suena bien.

SARA   Suena muy bien. (*Se miran.*) Hola.

NACHO   Hola.

SARA   También he cambiado la cama, ¿sabes?

NACHO   ¿Ah, sí?

SARA   Sí. Ahora tenemos un colchón de esos enor-
            mes, listo para estrenar.

NACHO   ¿Eso es una proposición?

SARA   En toda regla. (SARA *se levanta del sofá y le tien-
            de la mano a* NACHO.) ¿Vamos?

NACHO   Vamos.

            (NACHO *se levanta y va a seguir a* SARA *en el
            mutis, pero* SARA *se gira al público.*)

SARA   La primera mañana que me desperté junto a
              Nacho en nuestra cama, en nuestra casa, sen-
              tí... miedo. Ese miedo que te recorre la colum-
              na vertebral y te deja paralizado. De repente,
              por primera vez en dos años, una pregunta
              rondó mi cabeza: ¿y si sale mal?

NACHO   Puta química cerebral.

SARA   De pequeña siempre soñaba con tener un amor
              de película, uno de esos grandes amores que
              te cambia la vida y te hace vivir en un cuen-
              to de hadas continuo. Cuando llegué a la ado-
              lescencia intenté recrearlo con las pocas rela-
              ciones que tuve, pero nunca logré mi objeti-
              vo. A los veinte, empecé a darme cuenta de que
              ese amor de película solo pasa, como su pro-
              pio nombre indica, en las películas. (Pausa.)
              Pero cuando conocí a Nacho... (Pausa.) Cuan-
              do conocí a Nacho, lo comprendí. A los trein-
              ta y seis años descubrí el amor como nunca
              lo había hecho. Jamás me había sentido tan
              cuidada, tan amada, tan deseada... tan viva.
              Tan increíblemente viva. Nacho y yo conec-
              tábamos en todo, nos amábamos con nuestras
              virtudes y con nuestros defectos, y aprendi-
              mos a cuidar lo que había que cuidar y pulir
              lo que tenía que ser pulido. No había ningu-
              na mancha en nuestro expediente. Pero la rea-
              lidad era que toda nuestra relación había sido
              secreta, a escondidas, y, seamos sinceros, los
              amores prohibidos son increíblemente exci-
              tantes. Ahora éramos una «pareja normal», ya

no había que esconderse de nadie, por fin te-
níamos lo que llevábamos tanto tiempo queriendo tener. Y entonces, la maldita pregunta
llegó a mi cerebro sin avisar: ¿y si sale mal?

NACHO (*Al público.*) Una vez leí que las almas geme-
las se encuentran porque tienen el mismo escondite. Supongo que Sara y yo pertenecía-
mos al mismo escondite. La risa de sus ojos
llegó a mi mundo y lo revolucionó por com-
pleto. Ella tardó meses en hablar de amor. Yo
lo supe desde el primer instante. Medio segundo. Medio segundo en el que nuestras mi-
radas se cruzaron y Sara pasó a convertirse en
el centro de mi universo. Pensaba en ella, soñaba con ella, esperaba, impaciente, sus men-
sajes, sus llamadas. A veces me sentía un com-
pleto gilipollas por mirar el móvil cada minuto, como un adolescente, cuando Sara tarda-
ba más de media hora en responder un mensaje. ¿Estaría bien? ¿Le habría pasado algo?
¿Habría dejado de quererme? La química cerebral reaccionando a mil por hora. (*Pausa.*)
Pero lo que más me gustaba de ella era que
todo lo hacía fácil. Desde el primer momento, todo fue fácil con Sara. Era como...

SARA (*A NACHO.*) Como si, de verdad, estuviésemos
destinados a encontrarnos.

NACHO (*A SARA.*) Como si ambos, juntos, formáramos
un puzle en el que todas las piezas encajaban.

47

SARA   (*Al público.*) La leyenda del hilo rojo.

NACHO   (*Al público.*) Y entonces, llegó la pregunta.

SARA   ¿Y si sale mal?

NACHO   ¿Qué?

SARA   Lo nuestro. Lo que tenemos ahora. ¿Y si sale mal? Tú y yo, ¿qué pasa si sale mal?

NACHO   Buenos días para ti también, mi amor.

SARA   A ver, me encanta que estés aquí, de verdad. Me encanta. Me encanta saber que esta casa es ahora *nuestra* casa, que voy a poder dormir contigo todas las noches, que te tengo para mí sola, sin tener que cuadrar agendas para ver cuándo podemos encontrarnos. Pero nosotros nunca hemos sido una pareja normal.

NACHO   Explícate.

SARA   Pues que todo este tiempo nuestra relación ha sido a escondidas del mundo. Y devorábamos cada momento que pasábamos juntos porque no sabíamos cuándo iba a poder ser el siguiente. Pero ahora...

NACHO   Ahora nos vamos a ver todos los días. Ahora somos eso que tú llamas una «pareja normal».

SARA   Sí. Y me da pánico que la rutina nos mate.

NACHO   Pues no dejemos que lo haga.

SARA   Oh, genial. Qué gran consejo, Nacho, ¿cómo no se me había ocurrido antes? Deberías comercializar esa frase, seguro que le sirve a todas las parejas que pasan por eso y no encuentran la solución. Te puedes forrar con esa idea.

NACHO   Tu ironía, a veces, me toca un poco los huevos, ¿sabes?

SARA   Pues no digas chorradas y no tendré que recurrir a la ironía.

NACHO   ¿Y qué quieres que diga? Es lo que pienso. Esta relación no se ha construido sola, Sara. Sí, nos conocimos y congeniamos. Sí, nos enamoramos. Pero eso solo es la punta del iceberg. Luego hay que ir dando pasos para que las cosas funcionen. Y tú y yo los hemos dado, hemos sorteado muchos obstáculos hasta llegar aquí. Podemos seguir haciéndolo para que, como tú dices, no nos «mate la rutina». Somos capaces, ¿tú no lo crees? Yo sí. Estoy convencido de ello. Porque nosotros no somos una «pareja normal», Sara. Nunca lo hemos sido y nunca lo seremos. Tú y yo somos otra cosa. No sé muy bien qué, pero otra cosa.

(Silencio.)

SARA   Tu optimismo, a veces, me toca un poco los ovarios, ¿sabes?

(NACHO *se ríe.*)

NACHO   Día a día, Sara. Como siempre. Es lo que he-
           mos hecho hasta ahora, vivir día a día. Siga-
           mos así.

SARA   (*Al público.*) Y eso hicimos. Día a día durante
           cinco años. Y aún me sorprende que saliera
           tan bien. Cinco años pueden parecer pocos,
           pero la sensación de amor, con mayúsculas,
           esa excitación y esa «adicción» hacia la otra
           persona, suele desaparecer mucho antes.

NACHO   (*Al público.*) Química cerebral.

SARA   (*Al público.*) Y entre Nacho y yo todo eso pa-
           recía no apagarse. Y yo cruzaba los dedos para
           que no se apagara nunca. Estaba dispuesta a
           hacer todo lo que estuviese en mi mano para
           conseguirlo. Nacho y yo así, siempre así, que-
           riéndonos, amándonos cada día como si al día
           siguiente se fuera a acabar el mundo. Día a
           día. (*Empieza a hacer mutis.*) Pero, a veces, por
           intentar proteger lo que más te importa, pue-
           des cometer errores que te lleven al desenla-
           ce que más temes.

(SARA *hace mutis.*)

NACHO   (*Al público.*) Y un día, la realidad te explota
           en la cara, y las piezas del puzle dejan de en-
           cajar. (NACHO *se sienta en el sofá, cansado.*)

Sara. (*Silencio.*) ¡Sara! (Sara *entra en escena, con un vaso de agua.*) ¿Se te ha pasado ya el cabreo?

SARA   ¡No, Nacho! ¡No se me ha pasado!

(*Silencio.*)

NACHO   Venga, Sara, no ha sido para tanto.

SARA   ¿En serio? Vete a la mierda. Delante de todo el mundo, joder. ¿Me lo pensabas decir? ¿En algún momento pensabas decirme que querías ser padre? ¿O lo que opinen nuestros amigos es más importante que lo que yo opine al respecto?

NACHO   Sara...

SARA   (*Imita el tono de* NACHO.) «Pues, sí, la verdad es que sí me gustaría ser padre.»

NACHO   ¡Sara!

SARA   «Me gustaría ser padre». ¿De verdad? ¿Y desde cuándo, Nacho? ¿Y hasta cuándo? Porque te recuerdo que tienes cuarenta y siete años, ¿hasta cuándo vas a querer ser padre? ¿Hasta que tengas sesenta, ochenta, cien?

NACHO   ¡¿Me dejas hablar, Sara?! ¡¿Me dejas hablar de una vez?!

SARA   ¡No! (*Silencio.*) Hasta donde yo sé, y perdóname, porque a lo mejor estoy siendo una ingenua, pero hasta donde yo sé, tu pareja debería saber que quieres ser padre antes de soltarlo, de golpe, en el cumpleaños de otra persona.

NACHO   No entiendo por qué coño estás haciendo un mundo de todo esto. Decir «quiero ser padre» no significa que vaya a serlo. Es solo una idea.

SARA   ¡Me importa una mierda lo que signifique! ¡Lo que me jode es que a mí, ¡a mí!, nunca me has comentado nada de esto! ¡Eso es lo que me jode! ¡Y por eso estoy enfadada!

            (*Silencio.*)

NACHO   (*Al público.*) Dopamina, serotonina, noradrenalina y vasopresina. Unas suben y otras bajan. No solo cuando estás enamorado, también cuando estás enfadado. Unas suben y otras bajan, pero de distinta manera. Química cerebral. (NACHO *mira a* SARA.) ¿Estás enfadada conmigo o contigo, Sara?

SARA   ¡Contigo, Nacho! ¡Estoy enfadada contigo! ¿Es que no me estás oyendo? ¡Estoy enfadada contigo! ¿Por qué coño iba a estar enfadada conmigo misma?

            (*Silencio.*)

NACHO   Vi la caja.

(*Silencio.*)

SARA   ¿Qué?

NACHO   La caja de la prueba.

SARA   ¿Qué dices? ¿Qué caja?

NACHO   ¡La caja de la puta prueba de embarazo, Sara!
            Esa caja. La vi. Hace tres meses. ¡Esa puta caja!

(*Silencio.*)

SARA   Joder.

NACHO   ¿Vas a decirme algo al respecto?

SARA   ¡Joder, joder, joder!

NACHO   ¡Sara!

SARA   No tenías que haberla visto. ¡Joder! ¿Cómo
            la...? La tiré a la basura, no se veía.

NACHO   Pues parece ser que sí. Y, para futuras oca-
            siones, si aceptas un consejo, coge la puta
            caja, métela en tu puto bolso y tírala en la pri-
            mera puta papelera que encuentres en la ca-
            lle, pero no en la basura de tu propia casa.
            Es estúpido. Estúpido y, como hemos podi-
            do comprobar, arriesgado. (*Silencio.*) ¿Me lo
            vas a contar? (*Silencio.*) ¿Me lo vas a contar,
            Sara? (*Silencio.*) Vale. Te lo voy a poner más

sencillo. ¿Dio negativo? (*Silencio largo.*) Me lo imaginaba.

SARA   Nunca hablamos de ser padres, Nacho.

NACHO   Eso no disculpa el hecho de que no me lo dijeras.

SARA   En cinco años. En cinco años, nunca, jamás, hemos hablado de ser padres. En cinco puñeteros años, lo que significa mil ochocientos veinticinco días y casi cien mil minutos de convivencia, jamás hablamos de eso. Tengo cuarenta y dos años. No quiero ser madre, no entra en mis planes. Tomo la píldora desde que tenía dieciocho. La píldora anticonceptiva tiene un noventa y nueve por ciento de efectividad, ¿lo sabías? Me informé muy bien al respecto en su momento. ¡Un noventa y nueve por ciento! Formo parte de ese uno por ciento de las mujeres que, tomando la píldora anticonceptiva, se queda embarazada. ¡Un puto uno por ciento, joder!

NACHO   Te repito que eso no disculpa el hecho de que no me lo dijeras.

SARA   ¡Fue un accidente!

NACHO   ¡Ya lo sé, Sara! ¡Lo sé! ¡Sé que fue un accidente! Pero es el tipo de accidente que las parejas comparten. El tipo de información que las parejas comparten. ¡El tipo de proceso que las parejas comparten!

(*Silencio.*)

SARA   ¿De verdad quieres ser padre, Nacho?

NACHO   Ese no es el tema.

SARA   Sí lo es, si quieres serlo. Porque nunca te has pronunciado al respecto, pero el hecho de que sepas, desde que nos conocimos, que llevo casi toda mi vida tomando la píldora anticonceptiva, siempre me ha hecho pensar que tú, al igual que yo, no querías tener hijos. Y después de esta noche veo que estoy equivocada.

NACHO   Sara...

SARA   ¿Quieres tener hijos, Nacho? Es una pregunta sencilla. Sí o no. A o B.

NACHO   (*Cansado.*) No lo sé, Sara... No lo sé. No sé lo que quiero. Ahora mismo solo sé que me gustaría que esta conversación nunca hubiera existido.

(*Silencio.*)

SARA   ¿Por qué no tuviste hijos con Paula?

NACHO   Sara...

SARA   Contéstame, Nacho. Hablemos de esto. Hable-
            mos de lo que, obviamente, debimos haber ha-
            blado durante estos cinco años. ¿Por qué no
            tuviste hijos con Paula? ¿Ella no quería?

NACHO   Sí, sí quería.

SARA   ¿Y entonces?

NACHO   No quiero hablar de esto, Sara.

SARA   ¿Eras tú el que no quería ser padre? ¿Qué
            pasó?

            (*Silencio.*)

NACHO   Yo... yo, al principio, no estaba seguro, pero
            poco a poco la idea me fue gustando.

SARA   La idea de ser padre.

NACHO   Sí.

SARA   ¿Y por qué no lo fuiste?

NACHO   Sara, de verdad, no quiero hablar de esto.

SARA   ¿Por qué no lo fuiste, Nacho?

            (*Silencio.*)

NACHO   Porque, según nos dijeron los médicos, había
            pocas probabilidades de que Paula pudiera

tener hijos. Aun así, lo intentamos. Mucho. Joder que si lo intentamos. (*Pausa.*) Hasta después del tercer aborto. No habríamos soportado, emocionalmente, otro aborto más.

(*Silencio.*)

SARA   Nunca me lo contaste.

NACHO   No.

SARA   En cinco años nunca hemos hablado de esto, Nacho. ¿Por qué?

NACHO   ¡Porque no me gusta recordarlo, Sara! Porque no fue una experiencia bonita, fue todo lo contrario. Porque supuso muchas conversaciones incómodas, muchas desilusiones y muchas peleas. Y mucho dolor, sobre todo para Paula. Cada vez que una prueba daba positivo volvía a ilusionarse, pensaba que esa vez sí habría suerte, que esa vez sí lo conseguiríamos. Pero, a las pocas semanas, volvía a sangrar. Y todo se iba a la mierda de nuevo. Así que dejamos de intentarlo. No hablamos del asunto, simplemente, un día, me dijo que sería mejor volver a usar preservativos. Y yo estuve de acuerdo.

(*Silencio.*)

SARA   ¿Por qué no me dijiste que habías visto la caja? No me preguntaste nada. ¿Por qué?

NACHO   Porque no le di importancia.

SARA   Pues no estás reaccionando como una persona que no le da importancia a ver la caja de una prueba de embarazo en la basura de su casa.

NACHO   No le di importancia porque di por hecho que había dado negativo. Di por hecho, Sara, que, de haber salido positivo, me lo habrías dicho. ¡Por eso no le di importancia! Pero después de ver tu reacción de hoy a mi comentario, me he dado cuenta de que estaba equivocado. Sí dio positivo. Y tú no me lo dijiste.

(*Silencio.*)

SARA   ¿No me preguntaste porque no le diste importancia... o porque no querías volver a enfrentarte a un tema que te resultaba doloroso?

NACHO   ¿Me estás diciendo que yo tengo la culpa por no haberte preguntado? ¿De verdad me estás diciendo que la culpa es mía, Sara?

SARA   Te estoy diciendo que ninguno de los dos dijo nada porque ninguno de los dos, por motivos distintos, quería afrontar lo que podía suponer una prueba de embarazo en la basura de nuestra casa.

(*Silencio.*)

NACHO   Habría estado contigo.

SARA   Ya lo sé.

NACHO   Te habría apoyado, Sara. Habríamos estado juntos.

SARA   Y eso no habría cambiado nada.

NACHO   ¡Claro que lo habría cambiado! Eso es lo que hace la gente que se quiere, joder. Lo habría cambiado todo. Lo sé por experiencia.

SARA   ¡Yo no quiero ser madre, Nacho! ¿Lo entiendes? ¡No quiero ser madre! Y, hasta esta noche, hasta esta puñetera noche, pensaba que lo sabías y que lo apoyabas.

        (*Silencio.*)

NACHO   ¿Cuánto...? ¿Cuánto tiempo estuviste...?

SARA   Nacho...

NACHO   Dímelo, Sara. Merezco saberlo. ¿Cuánto tiempo duró?

        (*Silencio.*)

SARA   Unas seis semanas. No fue como imaginas. No tuve que pasar por ningún quirófano, me dieron unas pastillas que lo provocaban. De no haber funcionado, tendría que haber ido a un hospital, pero funcionaron.

NACHO Esas pastillas son muy dolorosas.

SARA ¿No me digas?

(*Silencio.*)

NACHO ¿Cómo no me di cuenta de que estabas mal? ¿Cómo no me di cuenta de que estabas pasando por eso?

SARA Porque no lo hice aquí. Me fui a un hotel.

NACHO ¿Qué? ¿Cuándo?

SARA Cuando te dije, hace un par de meses, que me iba a casa de mis padres el fin de semana. Me fui a un hotel. Tres días. Nada más. Asunto solucionado.

NACHO Y lo hiciste sola.

SARA Sí. Y no me siento ninguna víctima, Nacho, así que no lo digas como si lo fuera. Lo hice sola porque quise hacerlo sola. Ya está. No soy ninguna víctima.

(*Silencio.*)

NACHO Y, ¿te lo planteaste? ¿Alguna vez te planteaste decírmelo en esas seis semanas?

SARA No.

NACHO   Ya. (*Silencio.*) ¿Y tenerlo? ¿Eso tampoco te lo planteaste?

SARA   ¡Joder, Nacho, para! ¡Para un poco, por favor! ¡Para!

NACHO   No soy yo el que ha causado esta situación, Sara. No me culpes a mí de nada de esto.

(SARA *se levanta y va a salir de la habitación, pero antes de hacerlo, frena.*)

SARA   (*Sin girarse, de espaldas a* NACHO.) Gonadotropina coriónica humana.

NACHO   ¿Qué?

SARA   También se le llama hCG.

NACHO   ¿De qué coño estás hablando?

SARA   (*Se gira hacia él.*) Gonadotropina coriónica humana. Es una hormona. Deberías conocerla, teniendo en cuenta lo que viviste con Paula. Es una de las hormonas que el cuerpo produce durante el primer trimestre del embarazo, poco después de la fecundación y de que se empiece a formar la placenta. Es la hormona que le dice a tus ovarios que dejen de liberar óvulos, y le dice a tu cuerpo que debe producir más estrógenos y más progesterona.

NACHO   (*Se dirige al público.*) Otra vez la puta química.

SARA   La gonadotropina coriónica humana se duplica cada dos días en esas primeras semanas. Cada dos días.

NACHO   ¿Qué intentas decirme con todo esto?

SARA   Que yo no quería tenerlo, pero mi cuerpo, sí. (*Pausa.*) Claro que dudé, Nacho, ¡por supuesto que dudé! Pero no porque yo quisiera, sino porque mis putas hormonas gritaban sin parar: «¡Reprodúcete, reprodúcete, reprodúcete, zorra!». Y cada vez que notaba que mi cuerpo quería eso, tenía que convencerme a mí misma de que no era lo que yo quería. De que no era lo que yo había querido nunca. Era una batalla continua, día tras día, pero no dejé que mis hormonas, que mi cuerpo, dictase lo que *yo* debía hacer o no con él. Lo que iba a condicionar mi vida para siempre. Por eso lo asumí como un trámite. Por eso le quité todo el peso y toda la importancia que podía tener un momento como ese. Porque era la única manera, la única, de que la batalla la ganara yo.

NACHO   ¿Y qué pasa conmigo, Sara? ¿Yo no pintaba nada en esa batalla?

(*Silencio.*)

SARA   Si te lo hubiese contado... *(Pausa.)* Si te lo hubiese contado y tú te hubieses planteado tenerlo, me habrías hecho dudar. Y no quería dudar. No podía dudar. Por eso no te lo dije.

NACHO   Por si yo te hacía dudar.

SARA   Exacto.

NACHO   Así que decidiste elegir por los dos.

SARA   Sí. *(Pausa.)* Supongo que sí.

        (Silencio.)

NACHO   Yo tenía derecho, Sara. Tenía derecho a saberlo. Tenía el mismo derecho que tú a saberlo.

SARA   No podía permitirme dudar, te lo he dicho. Y mi cuerpo me mandaba señales que yo no quería sentir, Nacho, ¿lo entiendes?

NACHO   ¡No, Sara, no lo entiendo!

SARA   ¡No podía permitirme ninguna debilidad!

NACHO   Y por eso me quitaste el derecho a decidir, a decir algo al respecto, a pronunciarme en un tema que, lo siento mucho, Sara, pero no te concernía solo a ti. *(Silencio. SARA se sienta en el sofá, cansada y triste.)* ¿Tan malo hubiera sido? ¿Tan malo hubiera sido dudar? ¿Tan malo hubiera sido decidir juntos?

SARA   Sí. (*Silencio.*) ¿Hubieses querido ser padre, Nacho? (*Silencio.*) ¿Hubieses querido tener un hijo conmigo?

NACHO   No lo sé. (*Pausa.*) Probablemente, sí.

SARA   ¿Por qué?

NACHO   ¿Por qué?

SARA   Sí, Nacho, por qué.

NACHO   ¡Porque eres tú, Sara! Porque estoy enamorado de ti. Porque lo dejé todo por ti. Porque quiero pasar el resto de mi vida contigo. Porque hubiera sido algo nuestro, tuyo y mío, algo que fuéramos tú y yo.

SARA   ¡Esto somos tú y yo, Nacho! Todo lo que tenemos somos tú y yo. Este salón, estas cortinas, estas fotos, cada desayuno, cada cena, cada película sentados en el sofá, cada vez que hacemos el amor, cada mañana despertándonos uno al lado del otro, cada beso, cada mensaje y cada llamada cuando no estamos juntos, cada detalle, cada mimo, cada recuerdo. ¿No te parece suficiente, Nacho? Esto, todo esto, somos tú y yo.

NACHO   Yo ya no sé lo que somos.

SARA   ¿Hablas en serio?

NACHO   Me mentiste.

            (*Silencio.*)

SARA   Yo no podía...

NACHO   ¡No podías dudar! ¡Ya lo sé, Sara, no paras de decirlo! ¡No podías dudar! Y por eso me mentiste. Me mentiste y me ocultaste un embarazo del que yo era tan responsable como tú. Me mentiste y decidiste tomar, unilateralmente, una decisión que era tan tuya como mía.

SARA   Esto no es justo, Nacho.

NACHO   No me hables tú de justicia, por favor.

            (*Silencio.*)

SARA   Nosotros nunca hemos sido una pareja normal. ¿Te acuerdas? Me lo dijiste tú. Hace cinco años.

NACHO   ¿Y eso qué coño significa ahora, Sara?

SARA   ¿Ser padres entra en los planes de una pareja que no es normal?

NACHO   ¡No se trata de eso, joder! No... No me estás escuchando. No quieres entender nada de lo que te digo. (*Pausa.*) Yo siempre he sido sincero contigo, Sara. Siempre. Desde que nos conocimos jamás te he mentido, jamás te he ocultado nada. Jamás. A ti, nunca. No podría. *(Pausa.)* Pero ya veo que no puedo esperar lo mismo.

(Silencio.)

SARA   No te he ocultado nada más, Nacho. Nunca te he ocultado nada más.

NACHO   Ya.

(Silencio.)

SARA   ¿Qué se supone que pasa ahora?

NACHO   No lo sé.

(Silencio.)

SARA   ¿Esto...? *(Pausa.)* ¿Esto es un adiós?

(Silencio.)

NACHO   Necesito pensar. Estoy cansado. Cansado y triste. Y decepcionado. No quiero seguir discutiendo, pero no sé qué hacer. *(Pausa.)* Creo que será mejor que esta noche no duerma aquí. Vamos a pensar en todo esto, los dos, y mañana hablamos, ¿vale?

(NACHO hace mutis.)

SARA   (*Al público.*) Pero no hablamos. Por primera
            vez en más de siete años, no sabíamos cómo
            hablar el uno con el otro. Dormíamos juntos,
            comíamos juntos, nos sentábamos juntos en
            el sofá a ver la televisión, pero apenas hablá-
            bamos de nada, conversaciones insustancia-
            les. Se acabaron las llamadas y los mensajes
            cuando no estábamos juntos. Se acabaron to-
            dos los detalles, todos los mimos que habían
            hecho que nuestra relación durase intacta cin-
            co años. (*Mientras* SARA *está hablando,* NACHO
            ha vuelto a entrar en escena.) Era como si un
            muro hubiera aparecido entre nosotros. Y nin-
            guno de los dos sabía cómo empezar a tirarlo
            abajo. Ni siquiera sabíamos si debíamos tirar-
            lo o no. Así que, después de tres semanas, tomé
            una decisión. Y, de nuevo, la tomé sin contar
            con la opinión de Nacho.

NACHO   (*Al público.*) Un día me desperté y la vi llenan-
            do cajas con algunas de sus cosas. Le pregun-
            té qué estaba haciendo.

SARA   (*Al público.*) Le dije que era absurdo seguir
            con esto. Lo mejor era poner distancia.

NACHO   (*Al público.*) Yo dije que no tenía por qué ser
            así, que no tenía por qué irse de casa. Que po-
            díamos hablar, discutirlo.

SARA   (*Al público.*) Yo respondí que no podía seguir
            más tiempo viviendo de esa manera, como si
            fuéramos dos desconocidos que comparten

habitación sin saber muy bien cómo comportarse el uno con el otro.

NACHO   (*Al público.*) Yo le dije que puede que tuviera razón, pero que no tenía por qué irse ella, podía irme yo.

SARA   (*Al público.*) Y yo le respondí que ya me quedé con el piso la primera vez que lo hice mal. Con Marcos. Yo lo engañé, yo fui la egoísta, y yo me quedé con el piso. No era justo que volviera a pasar. Así que, esta vez, sí quería ser justa. Y por eso tenía que irme yo.

NACHO   (*Al público.*) Empezamos a pelearnos.

SARA   (*Al público.*) No sé muy bien cómo.

NACHO   (*Al público.*) Nos dijimos cosas que no debimos decir.

SARA   (*Al público.*) Ese tipo de cosas que dices cuando es el dolor el que habla, y no tú. Cuando desaparece la responsabilidad.

NACHO   (*Al público.*) Ese tipo de cosas que dices y que, si no tienes cuidado, traspasan unos límites, unas líneas rojas, y no sabes si, después, podrás volver atrás.

SARA   (*Al público.*) Y después de demasiado tiempo diciéndonos ese tipo de cosas, cogí el abrigo.

NACHO   (*Al público.*) Y después de demasiado tiempo diciéndonos ese tipo de cosas, yo solo quería que aquella discusión terminase.

SARA   (*Al público.*) Y me fui de casa.

NACHO   (*Al público.*) Que terminase como fuese, pero que terminase.

SARA   (*Al público.*) Me fui dando un portazo.

NACHO   (*Al público.*) Y las piezas del puzle saltaron por los aires.

SARA   (*Al público, haciendo mutis.*) ¿El hilo rojo no se puede romper?

NACHO   (*Al público.*) Y de eso han pasado veinte horas. Y no sé dónde coño está Sara.

(NACHO *da vueltas por el salón, mientras llama por teléfono. Se le nota nervioso y, sobre todo, preocupado. Ese tipo de preocupación que te haría cometer alguna tontería. Se escuchan pitidos de llamada al otro lado de la línea. Salta el buzón de voz.*)

VOZ   (*En off.*) Buzón Movistar. La persona a la que llama no está disponible. Por favor...

(*Antes de que termine la locución,* NACHO *cuelga.*)

NACHO   Joder.

           (NACHO *sigue moviéndose por la habitación,*
           cada vez más inquieto. Vuelve a marcar. De nue-
           vo, se escuchan pitidos, y de nuevo, salta el bu-
           zón de voz.)

VOZ   (*En off.*) Buzón Movistar. La persona a la que
           llama no...

           (NACHO *cuelga, brusco.*)

NACHO   Joder. (*Pausa.*) ¡Joder, Sara! (*En ese momento,*
           se escucha un sonido de llaves, y una puerta que
           se abre y se cierra. SARA *entra en escena. Tiene*
           ojeras y aspecto cansado. Se quita el bolso y el
           abrigo y los tira encima de un sillón. Se sienta
           en el sofá. NACHO *la observa, esperando que diga*
           algo. Silencio.) Te he llamado.

SARA   (*Sin mirarlo.*) Lo sé.

NACHO   Más de ciento veinte veces.

SARA   Te he dicho que lo sé.

NACHO   ¡Ciento veinte veces, Sara!

SARA   Ciento veintidós. Te repito que lo sé.

           (*Silencio.*)

NACHO   ¿Dónde coño estabas?

SARA   Por ahí.

NACHO   ¿Por ahí? ¿Has estado veinte horas *por ahí*?

SARA   (*Mirándolo.*) Sí, Nacho, he estado veinte horas *por ahí*.

            (*Silencio largo. NACHO da vueltas por la habitación, sin saber bien qué decir.*)

NACHO   Mira, Sara, entiendo que esto es difícil, y que nos cueste hablar de ello, pero...

SARA   No me cuesta, Nacho. Es solo que no quiero hacerlo, ya está. No quiero hablar. Punto. Ni de esto ni de nada. No quiero hablar. Ahora, no. Solo quiero estar aquí, sentada y callada. Ya está.

NACHO   Sara, sabes que eso no...

SARA   ¡Déjame en paz, Nacho, joder! ¡Déjame en paz! Aunque solo sean cinco minutos. ¿Puede ser? ¿Me puedes dejar en paz cinco minutos antes de tener que afrontar lo que nos está pasando? ¿Te ves capaz?

            (NACHO *sale de la habitación. Poco después, vuelve a entrar con un vaso de agua en la mano. Se queda mirando un rato a* SARA, *pero ella no lo ve.*)

NACHO   (*Le acerca el vaso.*) Ten.

(Silencio. Ambos se miran.)

SARA   *(Coge el vaso.)* Gracias. (NACHO *se sienta en el sofá.)* Lo siento. Siento haber desaparecido durante veinte horas. *(Pausa.)* Lo siento. *(Silencio.)* He llamado a Paula.

NACHO   ¿Qué?

SARA   Con la excusa de felicitarle el año nuevo.

NACHO   ¿Que has hecho qué?

SARA   Ha flipado, claro, porque la última vez que supo algo de mí era que tú me elegías en lugar de a ella.

NACHO   Y porque estamos a diez de marzo, Sara.

SARA   Bueno sí, eso también. Para algunas cosas soy lenta. Pero, ¿sabes? Tenías razón. Es una buena persona. No me ha echado nada en cara, simplemente me ha dado las gracias y me ha dicho que feliz año para mí también. *(Pausa.)* Ahora que lo pienso ha sido todo muy raro, la verdad. Y entonces... *(Pausa.)* Entonces, ha empezado a llorar un bebé. Al otro lado de la línea, ha empezado a llorar un bebé.

NACHO   Sara...

SARA   Tiene una niña. De cuatro meses. Madre soltera. Después de todo lo que me contaste me

he alegrado mucho por ella. Muchísimo. Tanto, que creo que le he dado un poco de mal
rollo.

NACHO   ¿Qué estás haciendo?

SARA   Y he pensado si quizá, tú...

NACHO   No sigas.

SARA   A lo mejor, no debiste... Quiero decir...

NACHO   No sigas, Sara, por favor.

SARA   A o B, ¿recuerdas?

NACHO   ¡Para!

SARA   Quizá elegiste la opción equivocada.

NACHO   ¡Para, joder! ¡Déjalo ya!

           (*Silencio.*)

SARA   No eres fácil de olvidar. Lo sé por experien-
           cia, créeme. No lo eres. Dudo mucho que ella
           te haya olvidado. Aún podría funcionar.

NACHO   ¿Por qué haces esto?

SARA   Y así podrías dejar de fantasear con la idea de
           ser padre. Podrías... podrías serlo de verdad.

NACHO   Sara, déjalo.

SARA   Yo no quiero tener hijos, pero tú, sí.

NACHO   ¿Qué estás haciendo?

SARA   No te quedan muchas oportunidades, Nacho. Esta puede ser la última. No deberías desaprovecharla.

NACHO   *(Se levanta del sofá.)* ¡Cállate ya, Sara, por favor! ¡Cállate y deja de decir gilipolleces, ¿quieres?!

      (Silencio.)

SARA   Me voy. Esta noche. Me llevo solo un par de cajas, ya vendré a por el resto cuando pueda. Pero es absurdo seguir así. No puedo más. Y tú tampoco.

NACHO   No hace falta que lo hagas, Sara. No hace falta que te vayas.

SARA   Sí hace falta, lo sabes tan bien como yo. Y cuanto antes, mejor. Es como una tirita, si la quitas de golpe, duele, pero si la vas quitando poco a poco, duele mucho más. *(Silencio.)* No sé muy bien cómo se vive sin ti, Nacho. Lo intenté una vez y me salió francamente mal. Renunciar a ti es lo más difícil que he hecho en toda mi vida, y no sé si voy a ser capaz de volver a hacerlo. *(Pausa.)* Ya no sé cómo se vive sin ti. Pero cuanto antes empiece, antes aprenderé. (*Pausa.*) Te quiero. Te quiero como nunca he querido a ningún otro ser humano. Te quiero de una manera que ni sabía que existía, y eso no va a cambiar. Te voy a querer el resto de mi vida, y nadie, nunca, jamás, va a poder ocupar el puesto que tú dejas. Nadie va a ser tú, y no quiero a nadie que no seas tú. Pero tampoco quiero seguir viendo en primer plano cómo nuestra relación se va yendo a la mierda poco a poco sin saber qué hacer para evitarlo. Es demasiado doloroso, y no nos lo merecemos. Y por eso es mejor dejarlo aquí, antes de que sigamos haciéndonos daño. Pero hay que hacerlo rápido, Nacho. Para que duela menos. Hay que quitar la tirita de golpe.

NACHO   Vamos a hablar, Sara, por favor. Con calma, sin gritos, sin decirnos cosas que no debemos decir. No quiero que vuelvas a decidir por los dos. Déjame, esta vez, decir algo al respecto a mí también. Tengo derecho. (*Silencio.*) Yo también te quiero.

SARA   Ya lo sé. Pero eso no cambia las cosas.

NACHO   Puede cambiarlas.

SARA   No, Nacho, no puede. He estado pensando, mucho, a lo largo de estas veinte horas, en lo que hice. Dándole vueltas una y otra vez, y siempre llegaba a la misma conclusión: lo volvería a hacer. Sé que yo soy la responsable de que nuestra relación se haya ido a la mierda. Sé que fue una decisión egoísta que lo ha cambiado todo, que lo ha estropeado todo. Lo sé. Pero si volviera a pasar, si tuviese la mala suerte de que volviera a pasar, haría exactamente lo mismo. Paso a paso. Con la excepción, eso sí, de, esta vez, no dejar pruebas en casa. Alguien sabio me dio ese consejo. Pero te lo volvería a ocultar, Nacho, ¿lo entiendes? Volvería a tomar la decisión por los dos. Volvería a ser igual de egoísta que fui la primera vez. *(Pausa.)* No tengo nada en contra de los niños, no soy ese tipo de persona. No tengo nada en contra de la maternidad. Me gustan los niños, pero no para mí. No para nosotros. Con Marcos tal vez me lo hubiera planteado, en algún momento. No lo sé. Quizá habríamos hablado del asunto y me lo hubiera planteado. Pero contigo, no. Contigo no puedo, Nacho. Porque no quiero que lo que hay entre tú y yo deje de ser lo que hay entre tú y yo. No quiero dejar de ser lo que somos, tú y yo, solos, para convertirnos en padres. No quiero renunciar a nuestra vida, a nuestras rutinas, a todo lo que hemos creado en estos cinco años, y, sobre todo, no quiero tener que priorizar a otra persona por encima de ti. A nada ni a nadie. Y por eso volvería a hacer lo que hice. Así que tienes que dejar que me vaya...

NACHO   Sara...

SARA   Deja que me vaya, Nacho. Tú sabes tan bien
            como yo que es lo mejor.

NACHO   No, no lo sé.

SARA   ¿Puedes seguir como si no pasara nada? Sé
            sincero. Sabiendo que te volvería a ocultar la
            verdad, que volvería a ser igual de egoísta, que
            nunca serás padre estando conmigo, ¿puedes?
            (*Silencio.*) Te entiendo. De verdad que te en-
            tiendo. Y no te culpo en absoluto.

            (SARA *se levanta del sofá, se pone el abrigo y em-
            pieza a cerrar una caja.*)

NACHO   Vacía las cajas. (*Silencio.* SARA *se queda quie-
            ta.*) Vacía las cajas, Sara. (SARA *se gira hacia
            él.*) Yo también he estado pensando. Veinte
            horas dan para pensar mucho. Pero además
            de pensar, me he vuelto loco. Literalmente.
            Me he vuelto loco, Sara, te lo juro. Me he vuel-
            to loco. Enajenado. Demente. Desquiciado...

SARA   (*Al público.*) Otra vez la química cerebral.

NACHO   Me he puesto a gritar, a llorar, a romper co-
            sas... Porque no sabía dónde estabas, no sabía
            cómo encontrarte, no sabía si te había pasado
            algo, no sabía si te habías ido para siempre. Y
            mientras me volvía loco, he empezado a lla-
            mar a todos los hospitales de Madrid, uno por
            uno, para preguntar si había ingresado alguna

paciente llamada Sara Martín. Con un puto nudo en la garganta en cada llamada, porque no sabía qué era mejor, que me dijeran que sí o que no. Y, uno por uno, iban pasando por mi cabeza los peores escenarios. Y te llamaba, y te llamaba, una, dos, treinta, cincuenta, setenta, cien veces...

SARA   Nacho, yo...

NACHO   ¡No, déjame terminar, Sara, por favor! ¡Esta vez déjame hablar hasta que termine! (*Pausa.*) ¿Conoces la leyenda del hilo rojo?

SARA   (*Sin entender.*) ¿Qué?

NACHO   ¿La conoces?

SARA   ¿Estás hablando en serio?

NACHO   ¿La conoces, sí o no?

SARA   Claro que la conozco, Nacho. Te la conté yo.

NACHO   ¿Ah, sí?

SARA   Poco después de conocernos. Y tú me dijiste que era una cursilada. En realidad, tu respuesta, literalmente, fue: «es una cursilada de adolescentes».

NACHO   Vale. Pues he cambiado de opinión. O a lo mejor me he convertido en un puto adolescente, yo qué sé. Ahora mismo tengo la cabeza tan hecha puré que no sé ni cómo me llamo.

SARA   La leyenda del hilo rojo.

NACHO   (*Desorientado.*) ¿Qué?

SARA   La leyenda del hilo rojo. Has dicho que querías hablar y has empezado por ahí.

NACHO   Ah, sí... Es... A ver cómo lo explico...

SARA   ¿Que tú y yo estamos unidos por un hilo rojo imposible de romper?

(*Silencio.*)

NACHO   A ver, dicho así me sigue pareciendo una cursilada de cojones.

SARA   ¡Nacho!

NACHO   ¡No, espera, déjame terminar! (*Pausa.*) Mira, yo no sé si es un hilo rojo, o no sé qué es, Sara, pero sí creo, ¡estoy convencido!, de que hay algo entre tú y yo que, por mucho que lo intentemos, por mucho empeño que pongamos, nunca va a desaparecer.

SARA   Lo sé. Siempre lo he sabido. Pero eso no significa que nuestra historia tenga que terminar bien.

NACHO Nunca lo ha significado, Sara. Nunca. Nunca hemos dado por hecho que lo nuestro tuviese que funcionar sí o sí, y por eso hemos luchado cada día para que sucediera. Llevamos haciéndolo cinco años. Y creo que en eso consiste el amor de verdad. En no dar nada por hecho. En no saber si el mañana está garantizado, porque nunca lo está.

SARA ¿Qué quieres decir con todo esto?

NACHO ¡Que yo tampoco sé cómo se vive sin ti, Sara! Tampoco lo sé. Pero no quiero tener que aprenderlo, ¿lo entiendes? No quiero. He vivido veinte horas sin ti y eso no era vida, eso era el puto infierno. No quiero saber qué significa despertarse por la mañana y que no estés en la misma cama en la que yo estoy, ni en la misma casa en la que yo estoy. No quiero tener que aprender a vivir así. Y a lo mejor algún día tengo que hacerlo, no lo sé. Pero no quiero que sea ahora. Ahora no, Sara.

(*Silencio.*)

SARA ¿Y qué hacemos? (*Pausa.*) ¿Qué hacemos, Nacho? Te he puesto la verdad encima de la mesa. ¿Qué hacemos con eso? ¿No te importaría? ¿No te importaría que volviese a hacer lo mismo? ¿Me querrías igual sabiendo que volvería a ocultarte la verdad? ¿Puedes prometerme eso?

NACHO   No, Sara, no puedo prometerte nada. ¡De eso se trata! Yo no puedo prometerte un «vivieron felices para siempre». Ni tú tampoco. Nadie puede. Y los que piensan que sí son los que la joden, siempre, ¿sabes por qué?

SARA   Porque lo dan por hecho.

NACHO   Exacto. Nadie sabe qué va a pasar mañana, y por eso el amor tiene que demostrarse cada día.

SARA   ¿Quieres tener hijos?

NACHO   ¡Hostias, Sara, no estoy hablando de eso!

SARA   ¡Pero esa es la cuestión, Nacho! ¡Por eso estamos aquí! Necesito saberlo. Necesito saber si quieres tener hijos. Necesito saber si, de no tenerlos, te vas a arrepentir. Necesito saber si, algún día, en tu cabeza, terminarás culpándome por no haberlos tenido.

NACHO   Sabes que nunca haría algo así.

SARA   ¿Quieres ser padre, Nacho?

(*Silencio.*)

NACHO   No lo sé.

SARA   Entonces, ¿por qué seguimos hablando?

NACHO   Porque lo que sí sé, Sara, lo único de lo que estoy jodida y completamente convencido, es de que no quiero vivir sin ti, ¿lo entiendes? No puedo vivir sin ti. Ya no. Así que te pido, por favor, que vacíes las cajas. (*Silencio.*) Vacía las cajas, Sara.

SARA   No es tan fácil.

NACHO   Pues hagámoslo fácil. Vacía las cajas.

SARA   ¡No es tan fácil, joder! (*Silencio.*) Yo no voy a cambiar de opinión. Respecto a la maternidad, no voy a cambiar de opinión, Nacho.

NACHO   Ya lo sé.

SARA   ¿Y estás de acuerdo?

NACHO   Ahora mismo, sí.

SARA   Ahora mismo. ¿Y qué pasa si dentro de un tiempo dejas de estarlo?

NACHO   No me estás escuchando, Sara.

SARA   ¡Sí te escucho, pero no respondes a mi pregunta! Y necesito que lo hagas. Los dos necesitamos que lo hagas. No podemos hacer como si no hubiera pasado nada, no podemos volver a lo de antes sin dejar claro este tema, sin que lleguemos a una opinión común. Así que necesitamos, los dos, saber si quieres tener un hijo o no. A o B, Nacho. A o B.

NACHO   ¡Para ya con lo de A o B, Sara, joder! ¡Siempre estás con lo mismo, «A o B» esto, «A o B» lo otro! En la vida no hay solo A o B ante cada situación. No hay solo dos opciones, ¿lo entiendes?

SARA   En esta situación, sí, Nacho.

NACHO   ¡En esta situación tampoco! No todo es blanco o negro, Sara. No es solo A, seguimos juntos; B, nos separamos. También hay C, por ejemplo, yo qué sé, mañana me atropella un autobús.

SARA   Nacho...

NACHO   D, en unos meses tú te hartas de mí y me dejas. E, F, G, y así hasta X e Y griega, incluso Z.

SARA   ¿Y qué hacemos, entonces?

NACHO   Lo mismo que hemos hecho estos años. Querernos, cuidarnos y luchar cada día, cada puñetero día, por seguir juntos. Sabemos hacerlo y se nos da bien. Así que, hagámoslo. Porque ahora lo único que tengo claro es que quiero estar aquí, contigo; que quiero pasar el resto de mi vida contigo, y que no he dejado de quererte, de amarte, ni un solo segundo desde que te conozco. Mañana no sé lo que pasará. Ni tú tampoco. El destino quiso que nos encontrásemos no una sino dos veces. Así que vamos a dejar de pensar en el mañana. Dejemos que las cosas sigan su rumbo y, simplemente, hagamos lo que hemos hecho hasta ahora, porque querernos se nos da bien, se nos da de puta madre, Sara. Pero esta vez, vamos a hacerlo mejor. Ya no hay secretos, ya no hay nada que ocultar. Las cartas están sobre la mesa. No quieres ser madre, de acuerdo. Lo veo y lo acepto, te prometo que lo acepto, porque estar contigo y quererte, ahora mismo, en este momento, pasa por encima de todo lo demás. (*Silencio.*) Y por eso te pido que vacíes las cajas. Te pido, por favor, que vacíes las cajas y te quedes conmigo. (*Pausa.*) El hilo rojo, ¿te acuerdas? (*Pausa.*) Vacía las cajas. (Nacho *se acerca a ella.*) Vacía las cajas, Sara. (Sara *duda, pero poco después, coge una de las cajas y vuelca su contenido en el suelo. Se abrazan.*) Hola.

SARA Hola. (*Vuelven a abrazarse, con más ganas.*) Perdóname. Perdona por haber desaparecido tantas horas, por no haberte devuelto las llamadas, por no haber dado señales de vida. Por todo. Lo siento mucho, Nacho. Perdóname.

NACHO Estás perdonada.

SARA Gracias, gracias, gracias. (*Pausa.*) ¿Tienes hambre? ¿Quieres que pidamos algo?

NACHO   Lo único que quiero ahora es dormir. Estoy muerto de sueño. Una loca me ha tenido despierto y desquiciado veinte horas seguidas, ¿sabes?

SARA   Menuda hija de puta, ¿no? (*Ambos se ríen.*) ¿Vamos a la cama?

NACHO   Sí, por favor. (*Empiezan a hacer mutis.*) Oye, una duda, el hilo rojo ese de la leyenda, es invisible, ¿verdad?

SARA   Sí.

NACHO   Ya. ¿Y entonces por qué coño dicen que es rojo?

SARA   ¿Qué?

NACHO   Se llama «La leyenda del hilo rojo», pero es invisible.

SARA   ¿Hablas en serio?

NACHO   A ver, si es invisible, no puede ser ni rojo ni verde ni amarillo ni nada. Es invisible, no tiene color.

SARA   Nacho, es una leyenda. ¡Nadie razona las leyendas! Te las crees o no te las crees, pero no les buscas sentido.

NACHO   Es que es absurdo. Que digan simplemente que es invisible, joder.

SARA   ¡Es una leyenda, Nacho! ¡Una leyenda! Es como... Es como el amor. ¿No eres tú el que dice siempre que no eliges de quién te enamoras? Pues es lo mismo. No se razona.

NACHO   Ah, no, no, no, pero el amor tiene una base química. Química cerebral, ¿te acuerdas? Adrenalina...

SARA   Oh, no, por favor.

NACHO   Serotonina.

SARA   ¡Otra vez, no!

NACHO   *(Cada vez más juguetón.)* Dopamina.

SARA   ¡Para!

NACHO   Oxitocina.

SARA   *(Riendo.)* ¡Nacho, para!

NACHO   Y vasopresina.

(NACHO y SARA, riéndose, empiezan a hacer mutis. Antes de salir de escena, mientras NACHO termina de hacer el mutis, SARA se para y se gira a público.)

SARA   Las cajas que al día siguiente Nacho y yo vaciamos, volví a llenarlas poco tiempo después. Yo no quería tener hijos. Nacho, sí. Intentamos encontrar un punto medio que no existía. Esta vez no hubo reproches ni gritos, solo una puerta que se cerró. (*Pausa.*) He conocido a otros hombres, me he vuelto a enamorar, he encontrado otra forma de ser feliz, lejos de Nacho. Pero sé que en mi corazón siempre habrá un sitio especial reservado para él y para ese hilo rojo que, a pesar de la distancia, nunca, nunca, se podrá romper... como dice la leyenda.

     (SARA *empieza a hacer mutis mientras comienza a sonar «What A Wonderful World» de Sam Cooke. Lentamente se hace un...*)

Oscuro.

Esta primera edición de *Un hilo rojo*,
de Ana Azorín, terminó de imprimirse
en junio de dos mil veinticinco,
en Madrid.